DICHTERWETTSTREIT *deluxe*

Über den Autor

Der 1939 geborene Lyriker Eberhard Kleinschmidt ist der älteste aktive Poetry Slammer Deutschlands. Nach seiner Promotion arbeitete er von 1972 bis 2004 als wissenschaftlicher Mitarbeiter an den Romanischen Seminaren der TU Braunschweig und der Uni Hannover. Seit seiner Studienzeit ist er als Lyriker unterwegs und veröffentlichte 2009 den ersten von fünf eigenen Lyrikbänden.

Da Eberhard Kleinschmidt seine Lyrik gern vor Publikum selbst vorträgt, beteiligt er sich seit 2013 bei Poetry Slams und kann auf über vierhundert Auftritte sowie mehrere Nominierungen zu den niedersächsisch-bremischen Landesmeisterschaften zurückblicken. Eine Reihe von Texten findet sich im mündlichen Vortrag bei YouTube. Mehr unter: www.eberhard-kleinschmidt.de

Eberhard Kleinschmidt

Der etwas andere Neujahrsgruß

Gedichte zum Jahreswechsel

Für Eva

Inhaltsverzeichnis

Quellenangaben für verwendete Bilder & Grafiken

Cover & Aufbruchsstimmung © Robien Schmidt-Jansen
Autorenfoto © Tobi Lebowski
Mein Land © Peer Kleinschmidt
Woher? Wohin? © Hermann Steigert
Der Braunschweiger Löwe © Björn Buchholz
Im Inferno d. guten Vorsätze Abbildung in: *De Civitate Dei*,
  Bibliothèque Sainte-Geneviève, Paris
  © The Bridgeman Art Library Ltd., Berlin
Zwischen zwei Welten Holzschnitt in: Camille Flammarion,
  L'atmosphère météorologie populaire, Paris 1888
  © The Bridgeman Art Library Ltd., Berlin
Im Angebot © Martin Raamat
Der Surfer © Michael „Mike" L. Baird
Rezept Buchdeckel von: Mathilde Ehrhardt,
  Grosses Illustriertes Kochbuch, Berlin 1908
  © Verlagsdruckerei Merkur
Ich räum´ jetzt mal auf © Tobi Kunze
Suche © Corinna Lichtenberg
Baustelle © Markus Distelrath
Schuld sind immer d. anderen © Niek Verlaan
Wildwuchs © Jordan Marks
Auf gut Glück… © S. Hermann & F. Richter
Der Engel der Zuversicht © Magnus Kleine-Tebbe
Alle weiteren Bilder © Eberhard & Eva Kleinschmidt

Vorwort: Da geht´s lang…

„Einen guten Rutsch!“
„Alles Gute fürs neue Jahr!“
„Gesundes neues Jahr!“
„Frohes Neues!“

Man kennt das.
So oder ähnlich lauten die vielen Botschaften zum Jahreswechsel. Hübsch bebildert und oftmals aufwändig bedruckt sind sie, die vielen Glückwunschkarten, die einem kurz nach Weihnachten ins Haus geflattert kommen.

Manchmal gibt's eine Karte für Weihnachten und Neujahr in einem Aufwasch, das erleichtert dem Wunsch-Geber und Karten-Versender die Kontaktaufnahme am Jahresende. Der Adressat freut sich, ist es doch eine schöne Tradition, die es zu erhalten gilt, diese Neujahrsgrüße.

Doch die Freude am kleinen Kartengruß währt oft nur einen kurzen Augenblick… – dann liegt die Karte auf dem Stapel mit den anderen Wünschen und das war's dann.

Ach so: Wir leben ja im digitalen Zeitalter, Mails sind angesagt. Glückwunschkarten per Schneckenpost? Gibt's da nicht vorgefertigte E-Mail-Vorlagen im Internet? Aber auch die verschwinden – einmal zur Kenntnis genommen – bald im digitalen „Papierkorb".

Geht's nicht irgendwie anders?
Der Jahreswechsel ist doch ein Zeitpunkt, wo man gemeinhin einmal kurz zurückblickt auf das, was im alten Jahr passiert ist – und auf das, was das neue einem bringen könnte. Hoffnungen, Wünsche, Vorsätze sind da, auch wenn diese, kaum dass einen im neuen Jahr der Alltag wieder eingeholt hat, meist rasch verschwinden.
Das Innehalten, wenn's denn Silvester oder Neujahr nach all dem Trubel überhaupt geschieht, hat jedenfalls bei der Stereotypie des neujährlichen Glückwunschmechanismus' nichts, woran es sich festhalten könnte.

Doch! Es geht anders.
Zumindest meinte das der Lyriker. Verwandte, Freunde, Bekannte, die er zu Neujahr zu „beglücken" dachte, wollte er mit einem Text aus seiner Feder ein bisschen festhalten und für einen Moment zum Innehalten bewegen.

Er hat's ausprobiert.

Seit über 20 Jahren funktioniert das nun schon. Seine Grußbotschaft kommt nach wie vor gut an. Die Rückmeldungen zeigen es. Der Lyriker ist inzwischen in Zugzwang geraten. Die Adressaten fragen nach. Sie warten schon auf den nächsten Neujahrsgruß – geduldig jedes Jahr…

So hoffe ich denn, dass ich auch dich, lieber Leser oder liebe Leserin, mitnehmen kann auf eine Neujahrsreise mit meiner Lyrik, mit kleinen Geschichten, Gedanken und Sprüchen. Wie der Nürnberger Meistersinger, Schuhmacher und Poet Hans Sachs, der nach getaner Arbeit seinen Kunden auf den neuen Sohlen ab und an gerne einen Spruch mit auf den Weg gab.

Alle Texte in diesem Buch findest du auch auf meiner Homepage unter www.eberhard-kleinschmidt.de. Und wenn dir das Buch gefällt, verschenke es gerne an andere. Viel Spaß beim Lesen und für die Zukunft alles Gute.

Dein Eberhard Kleinschmidt

Mein Land. So weit, so tief, so offen. Du zögerst?
Komm! Ich nehm' dich mit im neuen Jahr.

Mein Land

Wie gerne würd' ich dich dorthin entführen,
in *mein* Land, das so weit, so tief, so offen,
wo Grenzen aufhör'n, Grenzen zu berühren,
wo du Unendlichkeit dir kannst erhoffen.

Dort löst sich, was dich will beschweren
an Ärger, Zorn, an Schmerz und Widrigkeiten,
die weltverhaftet klammernd dich verzehren
woll'n und dran hindern, dich zu dir zu leiten.

Dort wärst du wieder mit dir selbst verbunden.
Vergessen wär', was dich dir selbst entfernt,
vergessen wär', was dich so arg geschunden
und neu gefund'n, was mit der Zeit verlernt.

Du zögerst noch, die Reise mitzumachen?
Wie kann ich Lust dazu in dir entfachen?

Neujahr mal einfach die Uhren anhalten.

An eine alte Standuhr

Da stehst du nun am neuen Platz
und mahnst mich stumm an Goethes Satz:
„Was du ererbt von deinen Vätern,
erwirb es, um es zu besitzen!“
Das fällt mir schwer, ich sag's ganz ehrlich,
denn eigentlich bist du entbehrlich.

Genug der Uhren gibt's im Haus!
Und noch 'ne Uhr? Ich halt's nicht aus!
Mechanisch kuckuckt's, gongt's und schlägt's
schon im Verzug – ja, wer erträgt's?! –
als Telleruhr, als Regulator,
als Küchenuhrzeitindikator
auf Tisch, Regal und an der Wand,
so dass halbstündlich ich gebannt.

Verschweigen will ich nicht die Wecker,
die elektronischen Vollstrecker
der abgelauf'nen Schlafenszeit,
die auf Befehl dazu bereit,

laut piepend meine Ruh' zu stören,
wenn süße Träume mich betören,
und dies auf tückisch-schrille Weise,
wo, batteriebetrieben leise,
ihr Werk, atomuhrzeitgesteuert,
sonst unauffällig sich erneuert.

Es tickt und tackt in allen Räumen
schon jetzt und hindert mich am Säumen.
Doch armbandührlich gut trainiert,
bin ich auf Zeit auch so fixiert.

Und nun noch du, du alte Uhr,
die du da stehst in meinem Flur
wie ein Koloss so hoch, so mächtig,
von wuchtiger Gestalt, doch prächtig.
Denn tempelgleich bist du erbaut,
von der Antike mir vertraut,
mit Säulen, Architrav und Fries,
den Giebelbau man unterließ.

Wie durch ein Tor seh' ich entsteh'n
die Zeit, seh' langsam sie vergeh'n

im Pendelschwung, im Hin und Her,
und denke dran, wie inhaltsschwer
wohl war, was du in all den Jahren
an Leid und Freude hast erfahren.

So viele hast du schon begleitet,
so viele durch die Zeit geleitet!
Wie viele sind schon längst nicht mehr!
Und du, ein Ding, stehst hoch und hehr.
Auch mich wirst du mal überdauern
und wieder steh'n in andren Mauern.
Doch erst mal bist du hier bei mir,
unübersehbar – sagt' ich dir.

Unüberhörbar obendrein:
Big-Ben-gleich geht durch Mark und Bein
dein Gong, wenn er ertönt im Haus
und aufscheucht noch die letzte Maus.
Doch nicht nur dies: ein Zeit-Problem
hab' ich mit dir, mir unbequem,
denn du gehst falsch und nicht zu knapp,
seit Wochen ist's ein Auf und Ab!

Mal geht's zu langsam, mal zu schnell,
ganz gleich, wie ich an dir auch stell'.
Mal hältst nicht Schritt du mit der Zeit,
so dass mit meiner ich im Streit.
Mal eilst der Zeit du gar voraus,
was mir erst recht ein wahrer Graus,
so wie auch jetzt zur Jahreswende,
wo wieder geht ein Jahr zu Ende,
bei dem ich frag': wo ist's geblieben?
Die Zeit, die hat's im Nu zerrieben,
die Zeit, die fließt, verrinnt, verstreicht,
bevor mein Ziel ich hab' erreicht.

Und dass du ihr noch Beine machst,
wenn du jetzt vorgehst, mich verlachst,
das ärgert mich! Nun reicht es mir!
Das neue Jahr beginnt bei dir
schon vor der Zeit, eh's noch begann!
Ich halte dich jetzt einfach an!

Denn ich möcht' endlich innehalten
und in mir Ruhe lassen walten.

Neujahr mal einfach die Uhren anhalten.

Schon am Wegesrand
eröffnen sich ganz ungeahnte Räume.

Woher? Wohin?

Und weiter geht der Weg, den ich gegangen
bergauf, bergab, im Tal und auf dem Kamm,
beschwerlich bald, der eben angefangen,
oft endlos lang, dass er den Mut mir nahm.

Wo komm' ich her? Wo führt der Weg mich hin?
Werd' ich den richt'gen Abzweig immer finden?
Wer sagt mir, wann ich angekommen bin?
Wie kann ich Ungewissheit überwinden?

Als unterwegs du warst im Gang des Jahres,
hast du dich nicht einmal im Schmerz verzehrt.
Als Anlass war, sogar für Wunderbares,
bliebst offen du, bis es auch eingekehrt.

Denk' an das Schöne, das du hast erlebt,
an all die Dinge, die dir sind gelungen!
Denk' dran, dass vieles, was dir vorgeschwebt,
mit Müh' vielleicht, doch schließlich ward errungen!

Erinn're dich, was alles du erfahren
von Menschen, die am Wegkreuz du getroffen
und deren Nähe du dir willst bewahren,
weil sie für deine Sorgen allzeit offen!

Du siehst, mit ihnen bist du nicht allein.
Du fühlst dich angenommen, aufgehoben.
Du darfst besinnlich, fröhlich, lustig sein,
und deine Traurigkeit ist weggeschoben.

Im Blick zurück kannst so du voll Vertrauen,
zu dir und andren, mutig *deinen* Weg
beschreiten, ruhig auf die Zukunft bauen.
Und Glaube hilft dir selbst auf schmalem Steg.

Die Welt liegt vor dir. Schon am Wegesrand
eröffnen sich ganz ungeahnte Räume.
Du hast als Ziel sie nur noch nicht erkannt.
Es warten viele nicht gelebte Träume!

Schon am Wegesrand
eröffnen sich ganz ungeahnte Räume.

So viele hast du schon begleitet!
Doch weiter streicht die Zeit an dir vorbei.

Der Braunschweiger Löwe

Da stehst du nun, erhöht, im Fluss der Zeit
ganz unbeirrt seit Hunderten von Jahren.
Dabei hast standhaft du getrotzt Gefahren,
wogegen diese Stadt war nicht gefeit.

Ihr Auf und Ab, der Menschen Freud' und Leid
hast du geseh'n, doch konntest dich bewahren
bei Übermaß und herrschsücht'gem Gebaren.
Nach Osten blickst du mit Beharrlichkeit.

Und ich? So viele hast du schon begleitet,
so viele endlos durch die Zeit geleitet!
Ein Ding, das stolz von Zeitlichkeit scheint frei!

Auch mich wirst du gewiss einst überdauern
und unverrückt besteh'n in diesen Mauern.
Denn weiter streicht die Zeit an dir vorbei.

„Du könntest dich mal melden, dann und wann…"

Das Geschenk

Nanu! Es klingelt. Wer mag's sein?
am Vormittag Besuch? Ach nein,
die Post, ein Mann von DHL.
„Paket? Für mich?" „Für Sie speziell.
Und nicht nur eins. Es sind gleich drei,
ein großes und die kleinen zwei.
Und unterschreiben, bitte hier!"
Pakete? Jetzt noch? Wer schickt mir
nach Weihnachten noch ein Paket?
Hab' nichts bestellt! Wer *das* versteht!?

Was da bloß drin ist, keine Ahnung,
passt gar nicht 'rein in meine Planung.
Wollt' eigentlich was and'res machen,
hab' keinen Nerv für solche Sachen.
Und überhaupt – von wem? Was steht
hier oben? … *Unbekannt* … Das geht?
im Feld für den Versand kein Name?
Na klar, wohl wieder nur Reklame!
Vielleicht auch gar ein Terrorist?
Ach Quatsch, vergisst ja, wer du bist!

Wo fang' ich an? Bin doch gespannt,
was der mir schickt, der nicht genannt.
Und welches nun zuerst? Ich picke
heraus mal *dies* Paket, das dicke.

O je! Wie fest verschnürt, verklebt!
Die Pappe sich ja gar nicht hebt.
So viel Verpackung, viel Papier!
Ich brenne nun schon vor Begier-
de, endlich, endlich rauszukriegen,
was mir dies Ding bisher verschwiegen.

Da, ein Karton, so groß, so leicht,
dass eine Ahnung mich beschleicht,
man habe sich 'nen Scherz erlaubt
und mich gefoppt, und überhaupt.

Mein Atem stockt, in großen Lettern
steht oben auf – grad' wollt' ich wettern –
dem bunten Deckel: *Geschenk für dich!*
Nun gut, mit Müh' besinn' ich mich.

Ich öffne, suche und entdecke,
ganz unten in der einen Ecke,
ein goldverziertes, kleines Blatt,
wie man's als Gutschein manchmal hat,
mit diesem Text: *Halt' dich bereit!*
Gewonnen hast du ganz viel Zeit.

Na ja, nicht schlecht, *was* für ein Hit!
Jedoch, was mach' ich jetzt damit?
Mal schau'n, was in den Päckchen drin,
die mit dabei. Noch ein Gewinn?
Im ersten sind noch klein're Päckchen
und da, da ist sogar ein Säckchen!
Und alles hübsch verpackt mit Bändchen,
Geschenkpapier, mit fleiß'gen Händchen.

Ich greif' mir dieses raus, ein Buch.
Das kenn' ich doch, hab's beim Besuch
von Meyers mal geschenkt gekriegt,
seitdem es ungelesen liegt.
Da steht sogar mein Name drin!
Wie kann das sein? Macht das denn Sinn?

Hat *der*, der Unbekannte, gar
mein Buch geklaut? Ist wohl nicht wahr!
Und „schenkt" es mir zu Neujahr wieder:
Los, lies es mal! – Da legst di nieder!

Kaum wag' ich auszuwickeln, was
mir sonst noch „schenkt" dies Super-Ass:
CDs aus meiner Sammlung, dick verstaubt;
mein Schachspiel auch, verlegt geglaubt;
mein Tagebuch, nicht ausgeführt;
mein Fitnessplan, nicht angerührt;
dann Urlaubsreisen, angehäuft,
in Urlaubsfotos fast ersäuft;
Erinnerungen, halb vergessen
und Träume, aufgefressen,
und Wünsche, wie zerstoben,
und Pläne, aufgeschoben.

Verstört, beim Säckchen ich verweile,
das wie von selbst sich öffnet: *Teile,*
was dir hier reichlich zugedacht!
Wie? Teilen, was mir überbracht?

Wohl kaum, mal seh'n, da ist ja doch
das kleinste dieser drei Pakete noch.
Ich mach' es auf. Das sind ja Bilder!
Ein Stapel Fotos, unten Schilder,
auf denen auch die Namen steh'n
der Menschen, die darauf zu seh'n.

Die kenn' ich doch, sind mir vertraut.
Hab' manche lang' nicht angeschaut.
Ach, hinten steht ja noch was drauf,
Bemerkungen wie *die* zuhauf:

Mich gibt's noch!
Schreib' doch!
Ruf' mal an!
Du könntest dich mal melden, dann und wann…

Zeit, renn' doch weiter! Ich lasse dich vorbei.

Ich bleibe hier bei mir…

Zeitgedanken

Jetzt ist schon wieder *ein* Jahr um,
das eben doch erst angefangen!
Was lang scheint, ist ein Minimum,
ich fühl' mich richtig hintergangen!

Im Januar – wie wunderbar,
zwölf Monate sich endlos dehnen,
so stellt's die Fantasie mir dar,
kann alle Zeit der Welt mir nehmen…

Ich nehm' sie mir und stell' dann fest
im Juli: Halbzeit schon gewesen?
Das kann nicht sein! Nur noch ein Rest?
Die Jahresuhr falsch abgelesen?

Und schneller und schneller vergeht nun die Zeit.
Sie eilt nur so hin und sie lässt's sich nicht merken,
ganz heimlich, geräuschlos und nicht mehr bereit,
das Tempo zu drosseln, gewillt, zu verstärken
die Hast ohne Rast, bis auch ich bin erfasst
vom Strudel der Dinge, auf dass alles gelinge,

ohne Müh', ohne Last, auf dass nichts sei verpasst,
dass man alles erzwinge wie der Herr der Ringe…

Immer nur eilen,
nie mal verweilen.
Immer nur hasten,
nie mal rasten.

Immer nur laufen,
nie mal verschnaufen.
Immer nur jagen,
nie mal verzagen.

Immer nur flitzen,
nie mal sitzen.
Immer nur abheben,
nie mal aufleben.

Immer nur springen,
nie mal Ruhe erzwingen.
Immer sich regen,
nie mal sich hinlegen.

Immer nur rennen,
nie mal verpennen.
Immer nur rasen,
nie mal Zeit verquasen.

Immer nur streben,
nie mal wirklich leben...

Hab' ich denn *so* das ganze Jahr verbracht?
Das scheint mir aber reichlich übertrieben!
Ich hab' doch manches Mal auch Halt gemacht!
Allein, wo ist die Zeit denn nur geblieben?

Mir kommt's so vor – es ist wie ein Verdacht –
dass ich den Blick auf *mein* Tun mir verstelle,
dass sich sein Tempo scheint's verhundertfacht,
nur weil um mich herum regiert die Schnelle.

Holt mich der temposücht'ge Zeitgeist ein
und zieht in seine Unrast mich hinein?

Sei gut zu dir und ganz gelassen.
Halt' nichts fest, was nicht zu fassen.

Im Inferno der guten Vorsätze

Ein Sünder, neujahrs fest entschlossen
zu bessern, was im Vorjahr ihn verdrossen,
weil's ihm das Sprichwort oft gesagt
und sein Gewissen arg geplagt,
dass der direkte Weg zur Hölle
gepflastert sei, ja überquölle
von lauter echtem, gutem Vorsatz,
der dann trotz mahnend-moll-Ton-Chorsatz
besorgter Engel komm' abhanden,
ach, werde regelrecht zuschanden –
besagter Sünder nun erneut
dran denkt, was er so tief bereut,
und malt sich wie im Traume aus,
wie's in der Hölle ist, o Graus:

Wie's kneift und piekt, wie's zwickt und zwackt,
wie ihn ein mächt'ger Drache packt,
ihn feuerspeiend tut behauchen,
weil er nicht aufgehört zu rauchen,
wie ihn ein Teufel malträtiert,
mit Nadeln piekst und drangsaliert,

weil er bloß sitzt, sich nicht bewegt,
den Trimm-dich-Plan hat weggelegt.
„Wo ist bloß dein Elan geblieben,
hast wieder keinen Sport getrieben?“

Ein andrer Dämon faucht und sticht
beherzt ins hintere Gesicht.
Da kommt gleich noch ein Folterknecht
und will – er selbst total bezecht –
kopfüber ihn in's Bierfass tunken,
da er zu oft zu viel getrunken.

Und allseits brodelt's, zischt's und sprüht's
und kocht's und brüht's und brennt's und glüht's.
Der Sünder leidet Höllenqualen.
„Wofür muss ich denn noch bezahlen?“
„Du hast gelobt, mal zuzuhören
und Monologen abzuschwören!
Du wolltest Selbstbewusstsein üben
und weniger dein ich betrüben,
anstatt auf andere zu achten
und deren Ego anzuschmachten.

Du hast versprochen aufzugeben
das Urteil über Andrer Leben.
Mit nichts bist du vorangekommen!
Sei im Inferno uns willkommen!“

So geifern sie, die Teufelchen,
und füllen ihre Schäufelchen
mit lauter glühend heißen Kohlen,
um zu verkohlen ihm die Sohlen,
um johlend Beine ihm zu machen
und seinen Eifer anzufachen.
Von allen Seiten fies bedrängt,
zuerst versengt, dann halb ertränkt,
versenkt, beengt, gezwängt, gelängt,
bald aufgehängt und fast erhenkt,
bald ferngelenkt herum geschwenkt,
die Glieder schließlich ausgerenkt.

Ein Albtraum für den Vorsatz-Sünder!
Im Höllensturz die Höllenmünder
ihn tausendfach daran gemahnen,
was er geschrieben sich auf seine Fahnen,

doch leider ward nicht eingelöst
und nun liegt schonungslos entblößt.
Er stockt, fährt auf, total verwirrt,
wohin hat sich sein Geist verirrt?

Er stöhnt zwar noch:
„So haltet ein!“
denkt aber doch:
„Das kann nicht sein!
Bin ich verrückt? Das ist nicht wahr!
Zum Teufel mit der Teufelsschar!
Das sind phantastische Chimären
aus hirngespinst’gen finst’ren Sphären!
In welcher Hölle bin ich hier?
Wer hat denn wen hier im Visier?

Wer ist’s, der mahnt, dass dies ich tu
und jenes lass’, der Seelenruh
zulieb’ und für ein gut’s Gewissen,
das sei ein sanftes Ruhekissen?
Wer droht mit Hölle, Tod und Teufeln,
will mir den Geist mit Gift beträufeln?

‚Ich sollte … müsste … dürfte nicht …‘
wer eigentlich so zu mir spricht
und obendrein es dazu bringt,
dass Vorsatz bald mit Vorsatz ringt,
weil’s davon viel zu viele sind,
dass alle schlag’ ich in den Wind?

Reicht nicht am Ende gar nur einer,
vielleicht ein überschaubar kleiner?
Zur Hölle also jetzt mit ihnen,
den vielen „guten“, die ich soll bedienen!
Dort unten mögen sie dann braten
für ihre nicht getanen Taten!

Ich jedenfalls, ich bleibe hier,
bei mir, im eigenen Revier,
bin gut zu mir und ganz gelassen
und halt’ nichts fest, was nicht zu fassen.

Ja, diesen Vorsatz lös’ ich ein,
als einzigen – und den allein!“

Die Brücke trägt.

Nur zu!

Der Bedenkenträger

Was kommt da wieder auf mich zu?
Da rüber?! Sieht man schon von Ferne:
das klappt nicht, nie! Das passt *partout*
mir nicht! Man wird ja nass! Kein Schuh
bleibt trocken! *Wer* hat das schon gerne!
Denk' nicht, dass *so* was je ich lerne!
Der Wildbach dort. Es braust und saust,
es schäumt und spritzt nach allen Seiten!
Kein Übergang, wohin du schaust!
Du traust dem Halt der Steine? Baust
beim Springen drauf, dass sie dich leiten?
hast keine Angst, mal abzugleiten?

Ach so, da vorn ist *doch* ein Steg …
Da soll ich rüber?! *Der* soll halten?
Wie wackelig, was für ein Weg,
Geländer fehlt! Bei *so* was pfleg'
ich kehrt zu machen. Angeschnallten
nur zuzumuten sind Naturgewalten!
Was dringt da wieder bei mir ein?
Es sickert durch – woher gekommen?

Kommt ungebeten, von allein,

es macht sich breit, stellt mir ein Bein,

bringt mich zu Fall – bin wie benommen –

und lässt zurück mich ganz beklommen.

Und doch, da drüben, welch ein Land!

Mir zugekehrt die grünen Auen,

der sanften Hügel Moosgewand,

am Horizont der Gipfel Band,

die Täler tief hineingehauen –

all das, ich kann's kaum überschauen!

Hinüber! Ja, da möcht' ich hin!

Dies Land, es ist so weit, so offen,

es schließt mir auf verengten Sinn,

es lädt mich ein und sagt: „Beginn',

nur zu! Du hast es gut getroffen.

Nun nimm, was immer magst erhoffen!"

Und langsam, tastend, Schritt für Schritt,

setz' einen Fuß ich vor den andern.

Es hält, es trägt, der Steg macht mit!

Wer wagt, gewinnt! Mit festem Tritt

werd' ich das Land vor mir erwandern,

geraden Wegs – und nicht mäandern!

Die Brücke trägt.

Nur zu!

Das neue Jahr – Neugier? Was Neues?

Na, schau'n wir mal…

Zwischen zwei Welten

Wand'rer, du, was treibst du da?
Kniest, am Boden kriechst, beinah
fort schon, halb nur noch zu sehn.
Sonderbar muss ich gesteh'n.

Suchst du was? Wo willst du hin?
Was bloß geht dir durch den Sinn?
Kehrst der schönen Welt den Rücken!
Nichts mehr, scheint's, kann dich entzücken.

Dann *dreh'* dich *ein*mal nur noch um
und schau' dir an, wie's hierherum:
der Erde Rund, vom Firmament
beschirmt bei Tag und Nacht ohn' End',
von Sonne, Mond und tausend Sternen.
Von diesem Wunder sich entfernen?

Ringsum dazu der Landschaft Maß,
begrünt von Bäumen, Büschen, Gras,
begrenzt von Hügelwellen, Wiesen,
von Seen und Flüssen, die gewiesen

dem Menschen einen Weg zum Bauen
der Wohnstatt, voller Gottvertrauen.
So ist's: du bist hier nicht allein,
als Mensch mit Menschen kannst du sein.

Warum nur alles dies verlassen?
Begreifen kann ich's nicht, nicht fassen.
Was dir vertraut, es wird dir fehlen.
Aus dieser Welt willst du dich stehlen?

Doch, ich merk's, bleibst unbeirrt,
dein Beharren mich verwirrt.
Schaust und schaust gebannt nach hinten,
brauchst du einen Gleichgesinnten?

Was wohl mag's da hinten geben?
Kann ich *so* was auch erleben?
Was gibt's Neues dort zu sehen?
Sollt' auch ich mal *da* lang gehen?

Das neue Jahr – Neugier? Was Neues?

Na, schau'n wir mal…

Ein Neuanfang im Angebot:

Doch was davon? Alles?

Im Angebot

Da sitzt du nun, konfus, als User
vor dem PC, fast wie ein Loser,
so kommt's dir vor, weißt weder ein
noch aus bei so viel Werbung online.

Du wolltest nur mal eben shoppen,
weil's schneller geh'n soll, weil zu toppen
der Kauferfolg im Stadtgewimmel.
Von wegen, ach, du lieber Himmel!

Was du bestellt, kommt als Paket
im Handumdreh'n ja angeweht,
doch vorher musst du dich erst quälen
durch aberhundert Klicks beim Wählen!

Und Google hilft? 'ne Suchmaschine?
Was brauchst du da erst für Routine!
Die Zeit vergeht, die Laune auch,
und öfters stehst du auf dem Schlauch.

Hast du gefunden ein Portal,
wird bald gelindert deine Qual.
Du wirst geführt, kannst navigieren,
man hindert dich, dich zu verlieren.

Ein Supermarkt im Internet,
die ganze Welt auf dem Tablett:
Ob Essen, Trinken oder Wohnen,
ob Mode, Lifestyle – alles Zonen,
Regale, Fächer, Fenster, Sparten,
die angebotsfixiert drauf warten,
dass sich der Nutzer auch bediene
mit suggerierter Kennermiene,
dass er von angesagten Marken,
den coolen, geilen, superstarken,
das richtige Produkt sich wähle
und zur Community sich zähle.

Und kaum gekauft, kriegst du den Newsletter,
wirst bestens informiert vom Trendsetter.
Und eh du dich's versiehst, gehörst
du auch schon fast dazu, du schwörst

bald auf die Fan-Gemeinde, die dich
mit Kommentaren brüderlich
versorgt, damit beim Angebot
du nicht daneben greifst, aus Not.

„Wie sieht's denn nun mit Urlaub aus?",
fragst du dich eben grad. „Zu Haus
will schließlich ich nicht sitzen bleiben
und mir daheim die Zeit vertreiben!

Ja *da*! Das richtige Portal:
‚Ab-in-den-Urlaub – Deine Wahl!'
‚Lastminute', ‚Kurz-mal-weg', ‚Spezial',
ob ‚All-inclusive', ob ‚Pauschal',
ob fliegend ‚Linie', ‚Billig', ‚Charter',
ob früh gebucht, ob spät als Starter –
bevor ich wirklich weiß ‚Wohin?',
weiß ich schon nicht mehr, wo ich bin!

Bei all den vielen Urlaubssorten,
bei all den vielen Urlaubsorten!
Mal Koh Samui, Curaçao,
Tobago, San Andrés, Panglao,

mal Alta, Turku, Sossusvlei,
Tanjung Benoa, Whangarei…
Noch eh ich irgendwo gelandet,
bin Urlaub-planend ich gestrandet.

Warum auch stets im Außen kreisen?
Warum nicht mal im Innen reisen?
Von hier nach da, von da nach dort,
von dort zurück, zu neuem Ort
in einem fort, ein Reisesport,
belebt vom Internetexport.

Wozu nur bloß? Ich nehm' mich mit
doch sowieso bei jedem Ritt
in weite Fern', wo ich doch gern
daheim mal ließ' den Ego-Kern.

Ach was! Ich? Ich's nicht übertreibe,
weil ich auch mal zu Hause bleibe!"

Inzwischen unser User, wie besessen,
im Online sich hat festgefressen.
Aus Suchen wurd' Entdeckungstour.
Er wollte eigentlich ja nur
mal fix im Internet was kaufen
und hat dabei sich glatt verlaufen.

O Schreck! Wie immer, für und für,
ein neues Jahr steht vor der Tür
mit neuen Angeboten ohne Zahl.
Tja, wer die Wahl hat, hat die Qual…

Ja, reite die Welle, wenn du sie erfasst,
und lebe den Traum, den schon lange du hast!

Der Surfer

Da kommt sie, fern noch, aber lang erwartet,
sie rollt heran in ungebremstem Lauf,
sie baut sich unaufhaltsam vor ihm auf,
sie bricht – und schau! Er ist schon längst gestartet…

Würd' ich, wie er, mich da hineinbegeben,
in diese übermächt'ge Wasserwand,
die wild sich aufbäumt, wütend schäumt am Rand,
gleich stürzt und drunten Massen bringt zum Beben?

Ja, reite die Welle, wenn du sie erfasst,
und lebe den Traum, den schon lange du hast!

Er fasst sie, er erwischt die richt'ge Stelle,
er beugt sich vor, die Arme ausgestreckt,
er beugt die Knie und, weiter vorgereckt,
hinunter geht's rasant den Hang der Welle.

Das ist kein Gleiten mehr, das ist ein Fliegen!
Wie wendig, kraftvoll, stets im Gleichgewicht

Doch nein, geschickt gedreht, geht's nicht hinunter
ins Tal, noch nicht. Er reagiert blitzschnell,
er gibt nicht auf, ist's doch wie ein Duell.
So leicht kriegt ihn der Wellenberg nicht unter.

Und sieh nur! Weiter lässt er sich jetzt tragen
vom Wasser, hoch und höher, steil bergauf
bis auf den Kamm – ganz kurz verharrt er drauf,
um sich sogleich erneut hinab zu wagen.

Ein Wagnis? Nicht für ihn! All die Gefahren,
die um ihn sind, er weiß um ihr Gewicht.
Mit Angst, Verlust geht er nicht ins Gericht,
weil er sich seine Wünsche will bewahren.

Ja, reite die Welle, wenn du sie erfasst,
und lebe den Traum, den schon lange du hast!

'ne weiße Spur zeigt, wo er lang geglitten,
als hinter ihm der Hang zusammenkracht
in Schaum, in Gischt, mit Brodeln und mit Macht.
Die Welle stöhnt, die er grad abgeritten.

Was treibt ihn an? Die Lust am Abenteuer?
Ein blinder Rausch, der nicht weiß, was er tut?
Wo nimmt er ihn bloß her, den festen Mut?
Begeist'rung ist's. Sie brennt in ihm, ein Feuer!

Ja, reite die Welle, wenn du sie erfasst,
und lebe den Traum, den schon lange du hast!

Und weiter geht's im Spiel des Daseins, mal vor, zurück,
mal still, bewegt, mal ernst, mal heiter, …

Und weiter geht's und immer weiter...

Und *wie* sich's dreht und dreht, dem Winde zugesellt!
Ein Blumenstrauß, die Stängel fest zum Rund gebunden,
mit Blättern, Blüten, aufgefächert hochgestellt,
dass schon ein Luftzug reicht, sie ruhig zu umrunden.

Und sonst? Nicht langsam, heftig oft wird es bewegt,
nach links, nach rechts, bald vor-, bald rückwärts. Spielball ständig
der Wettermacht, die's launenhaft ergreift, erregt,
damit's nicht träge wird, bleibt wendig und lebendig.

Und dreht's sich hin und dreht's sich her nur so zum Spaß?
Den Wechselfällen der Natur still hingegeben?
Nein, nein! Auch *sein* Zweck misst sich nach der Dinge Maß:
Als Windrad gilt der Wasserförderung sein Streben.

Und stets dem Spiel des Daseins zugewandt, geht's weiter,
mal vor, zurück, mal still, bewegt, mal ernst, mal heiter.

Warum im Wachsen Sturzbach werden
und unterwegs sich nicht mal erden?

Der Wasserfall

Ein Plätschern ist's, wie murmelnd Singen,
ein Glucksen, Gluckern, gurgelnd Klingen,
was da bald sprühend, sprudelnd, springend,
bald hüpfend quirlig abwärts dringend,
dann kurz mal ruhig-sanft im Gleiten
das Wasser will ins Tal geleiten.

Als Rinnsal einst dem Fels entkommen,
war's anfangs erst noch wie benommen,
bewegte zögernd sich hinunter.
Doch bald im Fallen schon ganz munter,
mag's länger nicht am Hang verweilen
und muss, getrieben, vorwärts eilen.

Was drängt es denn, nicht mehr zu rinnen?
Was glaubt's durch Schnelle zu gewinnen?
Warum im Wachsen Sturzbach werden
und unterwegs sich nicht mal erden?
Die Ruhe scheint nicht seine Sache:
„Nur ja nicht enden bloß als Lache!"

Doch halt! Dort fließt's in andren Bahnen:
Wie achtsam es in filigranen
Kaskadenschleiern sich bewegt,
von Stuf' zu Stufe, kaum erregt,
ein Film, opalen fast, im Laufen,
als wollte es sich hier verschnaufen!

Gebremst wohl eher scheint die Kraft,
weil unverhofft der Bach erschlafft
in Mulden, die nun selbst erheben
woll'n, was genommen, was gegeben,
an Fülle für des Wassers Wand
im Überlauf von Rand zu Rand.

So aufgehalten sich zu sehen,
lässt ungern er mit sich geschehen,
weil's seinem Wesen nicht entspricht:
geradezu darauf erpicht
ist er, mit Gefälle zu fallen, zu fliegen, ja fliehend zu fließen,
statt ganz gemächlich sich in Schalen zu ergießen.

Auf Ruhe folgt auch gleich Bewegung.
Oh nein! 's ist eher doch Erregung.
Denn Brocken nun die Bahn verbauen,
als Hindernis das Wasser stauen,
um mit ihm um die Macht zu ringen –
doch nur den Umweg sie erzwingen.

Dass Felsen es wagen, sich entgegenzustellen,
lässt aufschäumen wütend und weiß die sonst hellen
und durchsicht'gen Fluten, sich fast überschlagend,
zu Bündeln geballte, einander verjagend,
dass hoch spritzt die Gischt und entwischt aus der Enge
des Bettes und heftigem Wellengedränge.

Und so stürzt er weiter dem Tale entgegen,
und nichts mehr, rein gar nichts mehr kann ihn bewegen,
mal nicht mehr verhastet nach unten zu schießen,
dafür noch mal gleitend in Ruhe zu fließen,
dafür mal nach rechts, mal nach links zu schauen
und sinnend dem Fluss seines Daseins zu trauen.

Nein, tiefer und tiefer jetzt geht's in die Schlucht
kopfüber mit ohrenbetäubender Wucht.
Aus Rauschen wird Brausen und donnerndes Dröhnen,
ein knallendes Krachen und tosendes Tönen.
Aus Ordnung wird Chaos und wilde Zerstörung,
aus Ruhe und Gleichmaß wird blinde Empörung.

Und dann? Es verliert sich am Ende das Toben
im Strome, der aufnimmt und bändigt, was droben
in wechselnden Fällen gescheh'n und gewesen.
Dies wird in der Weite der Strömung gelesen,
besehen, belassen wie's war und wie's ist,
bis allmählich die fließende Zeit es vergisst…

Warum im Wachsen Sturzbach werden
und unterwegs sich nicht mal erden?

Du, Tanne, schaffst es, die Lebensalter in dir zu vereinen,
die so oft getrennt und miteinander unvereinbar scheinen.

An dich, du Baum des Lebens

Da stehst du nun, du alte Tanne, mächtig,
als könnte nichts dich aus der Ruhe bringen,
als würde, was geschieht, gescheh'n bedächtig,
als wär's unmöglich, dich zu was zu zwingen.
Dein hoher Wuchs ist so unnahbar-prächtig,
als könnte nichts von außen in dich dringen.
Dein Alter ruht, wie's scheint, in sich. Und ich?
Was sehe ich in dir? Bist Abbild du für mich?

Wie stolz du dich nach oben streckst mit Zweigen,
die sich, etagengleich geschwungen, weit,
vom Stamm hinweg, gezielt nach außen neigen,
die, unten *lang*, verschwenderisch und *breit*
und oben, sparsam werdend, *kurz* sich zeigen,
um dann, dies Jahr für Jahr erneut bereit,
im Ende, beim Verzweig'n, als grüne Krone
hinzugelangen bis zur Himmelszone.
Begegnung ist's. Mein Auge langsam gleitet
an dir herunter, von der Spitze an
hinab zur Sohle. *Wie* mich da begleitet
Erinnerung! Wie war das doch? Und wann?

Was hat die Zeit im Leben mir bereitet?
Ob ich all das zusammenfügen kann?
Du Baum, in dir sich alles widerspiegelt,
was in mir all die Jahre fest versiegelt!

Oh je! In deinem Wipfel welch Gedränge!
Die Tannenzapfen in die Höhe ragen,
'ne große Schar, 'ne wuselige Menge.
Wie sie sich um die besten Plätze schlagen!
„Erst ich!“, „Nein ich!“, „Lass mich!“ – und welche Enge!
Fast sieht's so aus, dass sie im Spiel sich jagen.
Ja, so erneuerst du dich, alter Baum,
weil Kinder sich zum Glück nicht halt'n im Zaum.

Und nicht nur hier geht's jugendlich noch drunter
und drüber im leuchtend-hellen Immergrün,
wenn ich in Stufen blicke weiter runter.
Da sprießt es dicht auf dicht, da will's erblühn,
da ruft's mir zu: „Auf, auf! Bleib frisch und munter!
Bleib jung wie wir! Lass ab von deinen Mühn!“
Ach ja, wie gerne würde ich das tun!
Die Sehnsucht ist ja da, lässt mich nicht ruhn …

Und abwärts geht's in all die reifen Jahre,
die reichste Zeit in deinem grünen Leben,
in dem auch ich in Raum und Zeit gewahre
so viel an Hoffnung, Wünschen, Tatkraft, Streben,
in dem ich noch einmal zutiefst erfahre,
was mir vom Universum mitgegeben.
Das Gleichmaß deines Astwerks doch, es trügt,
weil nie in Dauer-Harmonie sich's fügt.

Denn eben ist's noch ruhig, so wie jetzt:
Ein sanfter Wind, im Hin-und-her-sich-Wiegen,
den Frieden im Geäst noch nicht verletzt.
Doch plötzlich, vehement, die Zweige biegen
sich, ächzen, sträuben sich, vom Sturm gehetzt;
die Zapfen, wild fast, umeinander fliegen.
Der Stamm indes, er hält es aus zuletzt.
Natur lässt so leicht sich nicht unterkriegen,
sie beugt sich, lässt sich aber nicht besiegen.

So geht's mal auf, mal ab in diesen Zeiten:
Erfolg steht neben Misserfolg, Gesund-Sein
neben Krank-Sein. Glück und Unglück streiten
in meinem Herzen. Hauptsache, das Bunt-Sein

behält die Oberhand bei Schwierigkeiten
und nicht das Grau, das Jammern und das Wund-Sein.
Dein Grün, die Hoffnung, mich hat's weit getragen
in hellen wie in dunk'len Lebenslagen.

Am Rumpf jetzt unten langsam angekommen,
im Alter, in dem Grund, aus dem sich speist,
was alles ich bisher hab wahrgenommen,
die Zweige neigen sich hinab zumeist,
so tief, als hieß' die Erde sie willkommen,
schon etwas müde, wie's mir scheint, im Geist.
Doch breiten sie die Arme so weit aus,
dass Gleichgewicht sich stets verzweigt im Haus.

So, Tanne, schaffst du's, in mir zu vereinen
die Lebensalter, die so oft getrennt
und miteinander unvereinbar scheinen.
Ob jung, ob alt, kein einz'ges Element
tust du in seinem Dasein je verneinen –
du nimmst es an, selbst wenn es different.
Von Alt zu Jung, von Stuf' zu Stufe du erwirkst
aufs Neu, was du seit Anbeginn schon in dir birgst.

Du, Tanne, schaffst es, die Lebensalter in dir zu vereinen,
die so oft getrennt und miteinander unvereinbar scheinen.

Auch im neuen Jahr klappt's nicht immer.
Such dir das passende Rezept!

Rezept

Du fühlst dich schlecht? Dir geht's nicht gut?
Am liebsten bliebst du heut' zu Haus' im Bett,
weil keiner nett, kriegst immer ab dein Fett?
Hast alles satt? Und dich verlässt der Mut?

Beruh'ge dich! Sei nicht so absolut!
Halt' ein! Wie wär's, du schriebest mal'n Sonett?
Doch wie? Ganz leicht! Erklär' ich dir komplett.
Du merkst bestimmt sofort, wie gut das tut.

Hör' zu! Du sammelst dich, schreibst nieder,
was dich bewegt, ganz so wie's in dir spricht.
Dann musst du, wie 'ne Kuh, es käuen wider,
bis du 'ne Ordnung findest, Worte von Gewicht.

Du komprimierst den Brei wie'n Reimeschmieder
und bist kuriert – und fertig ist's Gedicht!

„Denn es reist sich besser mit leichtem Gepäck"

(Silbermond)

Ich räume jetzt mal auf…

Tja, schaut man sich Leute an, die man so kennt,
da gibt es zwei Typen, ganz klar, different:
den „Aufheber" hier und den „Wegwerfer" dort.
Man könnte fast meinen, es sei wie ein Sport
für beide, mit Ausdauer ernsthaft betrieben.
Gewiss nicht, ihr Leben lang ist's so geblieben;
es ist ihr Charakter, da ist nichts zu machen.
So geh'n sie halt um stets mit all ihren Sachen.

Der Wegwerfer macht es sich immer ganz leicht.
Er freut sich an Dingen, die heut' ihn umgeben,
ob gekauft, ob geschenkt jetzt sein Dasein beleben,
doch morgen ihm nutzlos erscheinen. „Es reicht!
Das steht ja nur rum. Ist nun wirklich mal gut.
Ich brauch ganz bestimmt es nie mehr im Leben.
Was soll es, es länger noch aufzuheben.
Jetzt weg bloß damit! Ach, wie gut das doch tut!"

Schwer tut sich der Aufheber.
Klebstoff ist der Urheber.

Was er hat, das klebt
fest an ihm, er hebt
auf, was mal erworben,
bis er ist gestorben.

„Brauch es doch noch mal.
Wär 'ne Höllenqual,
es gleich wegzuschmeißen.
Wär ja … wie … drauf scheißen!“

Zu dieser Sorte Mensch gehör' wohl ich.
Was da steht rum, ist abenteuerlich!
Was hat sich in den Jahren angesammelt!
Regale, Schränke, Kisten vollgerammelt!

Bin Jäger wohl und Sammler auch zugleich.
Die Sammelleidenschaft spielt mir 'nen Streich,
weil ich schon nicht mehr weiß, wohin damit,
wenn Neues kommt dazu auf Schritt und Tritt.

Denk ich allein an Bücher, DVDs,
CD, Kassette, Platte, Video … ich gesteh's:

All die Geräte, alte, die gehör'n dazu,
ich brauche sie ja auch noch, kann partout,
nicht einfach sie entsorgen, nicht kaputt.
Das ist beim besten Willen doch kein Schutt!

Nun will von Ordnung ich nicht ständig träumen
und endlich mal beginnen aufzuräumen.
Oh je, da muss ich erstmal kräftig pusten,
hatschi! Das wird ein Niesen, Hüsteln, Husten.

Der Staub, der aufgewirbelt, muss erst weg
und was sich sonst noch auftut so an Dreck…
Wenn wieder klare Sicht: Entdeckungstour!
Ihr glaubt es nicht! Ne richt'ge Inventur
wird das! Ich stöb're rum und finde wieder,
was längst vergessen war. Da legst di nieder!

Ein Tonband mit der eig'nen Stimme, 'ne Rede
mit Zwanzig vor vielen Leuten. Alter Schwede!
Ein Buch, das oft gesucht und nie gefunden –
na super! Dachte schon, du seist verschwunden.

Und Fotoalben mit Erinnerungen,
die, ach wie schade, sind verhallt, verklungen.
Und das? Ach, alte Liebesbriefe an *sie*,
die *ich*, die aber *mich* nicht wollte, nie!
Ach nee! die gibt's noch? Und zu welchem Zweck?
Die können nun ja wirklich endlich weg!

Doch das ist's nicht allein: sich aufzuraffen,
Ballast tatsächlich jetzt mal wegzuschaffen.
Denn wie sich zeigt, begegnet man beim Räumen
sich *selbst* auch wieder, was man tat versäumen
ja viel zu lang. Entdeckungstour bei Sachen
nur? Nein! Ein unerwartetes Erwachen!

Ein Aufbruch ist's in eine früh're Welt,
die trotz Vergessen ihre Gültigkeit behält.
Was hab' ich mit den Dingen mal gemacht?
Was hab' an Zeit mit ihnen ich verbracht?

Wer war ich damals? Bin ich heut' ein andrer?
Es kommt mir vor, ich trotte wie ein Wand'rer

stets meinen Pfad voran, schau nie zurück,
verlier dabei dann völlig aus dem Blick
ein ganzes Stück von mir und meinem Leben,
als hätte es das alles nie gegeben…

Wie herrlich ist's doch, auch mal Ordnung zu machen!
Wie hieß es doch gleich zu Beginn? Ich muss lachen!
Ein Wegwerfer, Aufheber? Leicht mir's jetzt fällt,
das Wegwerfer-Sein, komm mir vor wie ein Held:

Nochmal anschau'n die Dinge, sie wiedererkennen,
dann aber mich heiter-beschwingt davon trennen…

Wo sind sie?

Deine Erwartungen, deine Wünsche, deine Träume?

Innenwelt

Ein Lustort ist's, der freundlich mich empfängt,
ein Stück Natur, von Dichtern oft besungen,
in dem der Gast ist frei und unbeengt,
von Himmelsblau und Sonnenlicht durchdrungen.

Ich nehme meine Wünsche mit hinein,
die bunten Träume sich hinzugesellen,
und lasse sie erblühen und gedeih'n
inmitten all der Wiesen, Blumen, Quellen.

Im Schatten unterm Baum bei Vogelsang,
ganz ungetrübt von widrig äuß'ren Dingen,
geb' ich Gedanken Raum im Überschwang
und bring' in mir Gefühle zum Erklingen.

Wenn's auch gelingt, ihr Wesen zu benennen,
dann wachse ich an mir im Selbsterkennen.

Auch im neuen Jahr geht's mal nach vorn und mal
zurück im Leben, mal zur Seite, mal am Platz ein Stück.

Das Spiel

„Wie ärgerlich! Wie dumm! Wie blöde!
Ich find' dies Spiel so richtig öde!
Kaum drin, schon fliegt man wieder raus
und kriegt nicht einen Stein nach Haus!
Ich hör' jetzt auf, hab' keine Lust
mehr. Jeder Zug ein einz'ger Frust!"

,Mensch, ärgere dich nicht!' so heißt es.
Der Würfel doch regiert – du weißt es.
Du nimmst die Sache viel zu ernst.
Was Glück bedeutet, du hier lernst.
Ein bisschen Spaß ist auch dabei,
ganz ohne jede Tüftelei.

„Ein Spiel ist das Leben, vom Wechsel bestimmt,
mit heiterem Ernst dich in Anspruch es nimmt."

Neujahr – und nun?

Wer bin ich? Wer war ich? Wer will ich sein?

Suche

Der Abend kommt herab am Himmelsrund
und senkt sich auf den Teich. Ein Höckerschwan,
der eben noch voll Stolz zog seine Bahn,
verbirgt den Kopf in seiner Federn Bund.

Die Ruhe streckt sich aus und tut mir kund,
dass auch von mir die Hektik abgetan.
Ich soll mich lösen, soll mich selbst bejah'n,
hinabbegeben in den eig'nen Grund.

Tief unten gilt's den Weg zu *mir* zu geh'n,
der fast verwischt im Labyrinth der Zeit.
Wer bin ich? Wie war ich? Wo werd' ich steh'n?
Die Dämmerung setzt ein und macht mich weit.

Da hinten ist ein kleines Licht zu seh'n.
Die Selbstbesinnung gibt mir Sicherheit.

Einfach weiterbauen!

Baustelle

„Es läuft nicht rund in deinem Leben?
Es klappt nicht, wie es soll, grad eben?
Das nervt dich, geht dir auf den Geist,
du meinst, die Sache dir entgleist?“

Da ist so vieles, was nicht fertig,
was da steht an – ist widerwärtig!
So oft hab ich mich dran gemacht
und schon viel Zeit damit verbracht!
Das hat mich ganz schön mitgenommen.
Und was ist dabei rausgekommen?!

„Ist denn so schlecht, was hier passiert?
Der Zustand dich decouragiert?
Sieh's doch mal so: als Werk im Bau.
Gewiss, da gibt's vielleicht 'nen Stau.

Doch heißt's: 'Gut Ding will Weile haben',
und Zeit wird's nicht gleich untergraben.
An einem Bauwerk, das nicht neu,
wird ständig rumgebaut, getreu

dem jeweils gültigen Bedürfnis.
Wozu deswegen ein Zerwürfnis?

Da wird mal um-, mal neugebaut,
so wie's halt passt, wenn's angegraut.
Dabei dann kommen dir Ideen,
die sonst bekämst du nie zu sehen.

Und nimm das Ganze auch als Spiel!
Wie oft: Der Weg doch ist das Ziel…"

Einfach weiterbauen!

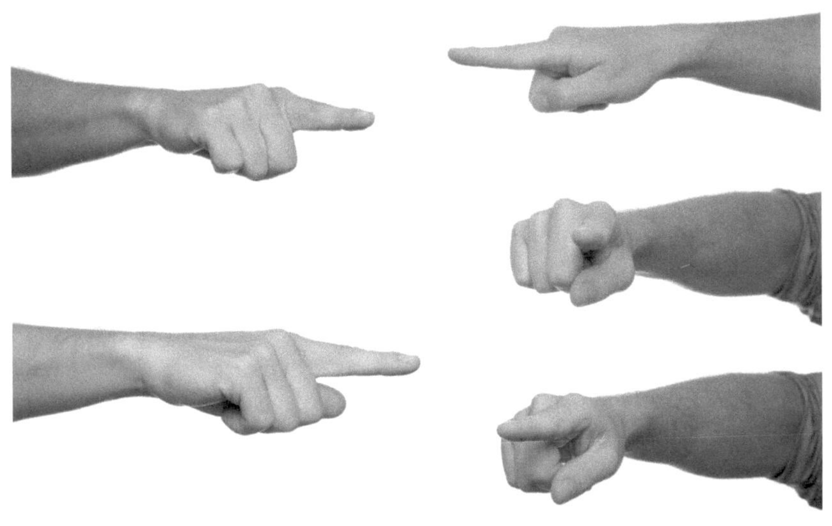

Selbst schuld?

Vielleicht geht's aber auch irgendwie anders…

Schuld sind immer die anderen!

Blicke ich zurück im Jahr,
hat es immer mich genervt,
dass ihr, was ich tat, verwerft,
dann doch *ich* der Schuld'ge war.

Ihr versteht mich einfach nicht!
Kann doch nicht aus meiner Haut.
Ich sei's, der sich was verbaut?
Komm' mir vor wie vor Gericht…
Ihr seid schuld, nicht ich!

Ich versteh' was von der Sache:
Was auch immer wo passiert,
ich lieg' richtig! Bin versiert,
bin mir sicher, was ich mache!

War ja klar! Klappt wieder nicht!
Habe ich's nicht gleich gesagt?
Hat mich wer denn mal gefragt?
Euch lag nichts an meiner Sicht!
Ihr seid schuld, nicht ich!

Ich? Ich hätte es geschafft,
hätte ich dort mitgemacht,
hätte's nochmal überdacht,
wo ihr rangingt stümperhaft.

Ihr schiebt mir das in die Schuhe?
Immer ist's so, kenn' das schon.
Bin der Sündenbock, mein Lohn.
Bringt mich nicht mehr aus der Ruhe…
Ihr seid schuld, nicht ich!

Was ist los? Es ärgert mich.
Oft jetzt lasst ihr mich links liegen.
Habt ihr mir da was verschwiegen?
Geht's noch!? Geht mir geg'n den Strich!

Nie erkennt ihr mich mal an!
Fühle mich zurückgesetzt!
Merkt ihr nicht, wie's mich verletzt?
Was hab' ich euch denn getan?
Ihr seid schuld, nicht ich!

Selbst schuld?

Vielleicht geht's aber auch irgendwie anders…

Ich kann nicht aus meiner Haut!
Ein Versuch ist's aber wert…

Eine neue Haut

Was passiert da mit dir? Bist ein seltsamer Baum!
Was da los ist mit mir? Du wirst mich beneiden:
Wenn zu eng wird mein Kleid, ich kann das nicht leiden,
dann streife ich's ab, halt' nicht mich im Zaum.
Die Rinde, sie rollt sich, sie löst sich vom Stamm,
sie gleitet in Streifen recht munter hinunter
und macht mich nun nackig. Ich hab ja nichts drunter!
Ist aber nicht schlimm, ist ja doch mein Programm:
Schön rot wird mein Outfit, so ganz ohne Saum.
Mit Haut und mit Haar, so wachs' ich im Raum…

Und ist da noch mehr, was Natur hat geformt?
Da ist noch 'ne Botschaft, von der ich durchdrungen:
Ich soll wecken die Menschen, die alten und jungen,
besonders die trägen, die das Leben genormt.
Ich soll ihnen zeigen, was Aufbruch bedeutet,
sie ermuntern, doch mal was Neues zu wagen,
statt alten Ballast mit sich rum zu tragen.
Ich soll ihnen vormachen, wie man sich häutet,
damit sie begreifen, wie Altes sich wandelt,
das vorwärts-, nicht rückwärtsgerichtet bloß handelt…

Lass Ordnung mal Ordnung sein!

Wildwuchs

Das ist ja alles gut gemeint
und auf den ersten Blick auch scheint
in Ordnung, was da um mich rum
gebaut, damit ich grad, nicht krumm
mal wachse, möglichst gar zentriert
und eingekastelt im Geviert.

Ich weiß ja: „Ordnung muss doch sein!",
heißt es im Gartenbauverein.
Wo kämen *die* dann ja auch hin,
wenn jedem dort käm's in den Sinn,
uns Pflanzen nicht zu kontrollieren!
Allein, wie wär's, doch mal zu ignorieren,
wenn wir 'nen eig'nen Weg uns suchen,
statt uns als Unkraut zu verfluchen?

Ich jedenfalls, an diesem Ort:
Wer wagt, gewinnt! Es zieht mich fort.
Genug des Guten hier im Haus!
Ich büx' da einfach jetzt mal aus…

Schwein gehabt!

Auf gut Glück…

Vom Weihnachts- hin zum Neujahrsglück
in *einem* Stück – und kein Zurück!
Und *das* mit allen Sinnen!
Ja, *wo* da nur beginnen?

Man sieht es allerorten,
man liest's in bunten Worten,
man hört's an allen Ecken,
wie Lust auf Glück jetzt sei zu wecken:

Erst nur ein leises Ertönen, Erklingen,
ein Schwingen, ein Klingeln, ein Bimmeln und Singen,
dann laut ein Frohlocken und Widerhallen,
Geläute, Trompeten-Geschmetter-Erschallen.

Und kaum sind die letzten Lieder zersungen,
kaum dass das Weihnachts-Gejubel verklungen,
da geht's auch schon weiter, da geht's wieder los
mit dem Lärm zu Silvester erst richtig groß:

Es saust und braust, es kracht und knallt,
es hämmert, ballert, donnert, hallt,
es pfeift und zischt, es tobt und tost,
es rumst mir um die Ohren – „Prost!"
so gellt es, schrillt es durch die Nacht.
Was für ein Glück, es ist vollbracht!

Geballtes Glück – und war's das nun?
Und was hat *das* mit mir zu tun?
Dies Glück, so ist's, es ist nicht meins,
womöglich auch nicht eben deins.
Die Suche nach 'nem andern Glück
wird grad zu Neujahr jetzt zum Tick.

Ich werd' mal unsre Sprache fragen,
was *sie* zum Glück uns hat zu sagen.
Vielleicht fällt *der* ja etwas ein,
was uns von Nutzen könnte sein.

Denn da gibt's so viel' Redensarten,
die g'radezu nur darauf warten,
dass man sie, gut verteilt im Jahr,
als Schätze wohldosiert nimmt wahr,

um laufend was vom Glück zu haben
und mit Genuss sich dran zu laben.
Dann hat man immer was in petto,
im Glückskeks, rein und Netto:

Januar:
Dem Glücklichen schlägt keine Stunde.
Der steht nicht mit der Zeit im Bunde.

Februar:
Versuch dein Glück und zög're nicht!
Probier's! Erfolg ist bald in Sicht…

März:
Da ist sie, *die* Gelegenheit,
dein Glück zu machen. Sei bereit!

April:
Mehr Glück zu haben als Verstand –
nimm's mit! Das ist doch keine Schand'.

Mai:

Du hattest Glück im Unglück? Hätte

noch schlimmer kommen könn'n, was gilt die Wette!

Juni:

Ja, Glück und Glas, wie leicht bricht das.

Wer übermütig kennt kein Maß!

Juli:

Doch Scherben bringen Glück – so heißt es.

Passiert schon mal. Nicht schlimm. Du weißt es.

August:

Du hast dein Glück am Schopf gepackt.

Halt's fest! Sonst ist's ganz schnell versackt.

September:

Du kannst dein Glück noch nicht fassen? Greif zu!

Das Glück hat Flügel, macht sich auf sonst im Nu.

Oktober:

Dir lacht das Glück. Ein Neider früher hätte barsch

dazu gesagt: „Das Glück, es läuft dir in den Arsch!"

November:

Du bist ein Glückspilz, vom Glück so richtig verwöhnt!
Nun nutze die Glückssträhne, die dein Leben verschönt!

Dezember:

Ein jeder ist seines Glückes Schmied. So heißt es doch.
Du hast es also in der Hand. Du wartest noch?

Du musst nun, willst du's recht bedenken,
und siehst, wie viel *ein* Jahr kann schenken,
solch Glück dir jetzt nicht mehr verkneifen,
kannst einfach in den Glückstopf greifen!

Nicht unterkriegen lassen!

Winterüberdruss

Du falscher Winter, hältst zu lange alles fest!
Du lässt nichts los! Was erst bloß eingefangen,
dann eingezwängt, umklammert wie von Zangen,
scheint jetzt belegt mit strengem Turmarrest.

Ob Düsternis uns niemals mehr verlässt?
Natur und Mensch allmählich darum bangen,
ob je zurück in Freiheit sie gelangen.
Ein jedes ist von langer Haft gestresst.

Verdunkelt hat auch mir sich das Gemüt.
Der Frohsinn, abgebrannt und eingesunken,
ist aschegleich am Ende ganz verglüht.
Hab' ich der Schwermut Bitterkeit getrunken?

Die Sehnsucht wächst, dass alles wieder blüht,
dass Frühling zündend sich versprüht in Funken!

Vorwärtsstreben, stets entschieden Pläne schmieden,
leicht erbeben, sich begeistern, nichts verkleistern,
unbefangen, voll Verlangen.

Frühlingsmorgen

Oh, Frühlingsmorgen, sonnenüberstrahlt
geleitest du den Tag in seine Bahnen!
Wer eingemauert, wird wohl kaum erahnen,
wie alles ringsumher mit Farben prahlt.

Und wessen Herz verschlossen, gar verschalt,
ob der von diesem Aufbruch lässt sich mahnen,
zu überdenken all sein Wirken, Streben, Planen
und was bisher von ihm dafür bezahlt?

Natur, ach, hol' mich raus aus dieser Enge,
befreie mich von auferlegter Strenge
und mach' mir alle meine Sinne weit,

damit ich spüre Düfte, Farben, Klänge,
der Lebewesen aufmunternd Gedränge
und recht genieße diese Frühlingszeit!

Gib nur nicht auf!

Du kannst auf mich vertrauen!

Der Engel der Zuversicht

Es tut sich auf für mich ein neuer Morgen,
da du nun auch die Arme hast gelegt
um mich. Und alles, was in mir erregt,
es kommt zur Ruhe, fest in dir geborgen.

Wie war ich doch erfüllt von meinen Sorgen!
Wie trieb's mich hin und her ja, unentwegt!
Wie deprimiert! Vernunft wie weggefegt!
Wie ausweglos! Die Rettung schien verborgen…

Und du? Ich falle nicht, du fängst mich auf.
Du schaust voll Zuversicht auf mich herab.
Die Last, sie lässt ganz langsam von mir ab.
Was schwer, es fällt dahin in seinem Lauf.

Du stärkst mich, hilfst mir, an mir selbst zu bauen.
„Gib nur nicht auf! Du kannst auf mich vertrauen!"

Statt den Verlust zu bilanzieren,
was durch Corona wurde knapp,
doch mal den Blick drauf fokussieren,
was an Gewinn dabei fiel ab!

Und nun?

Wird das wohl jemals wieder so, wie's war?
Ist alles, was mal war, bloß ausgesetzt
auf Zeit nur oder gar für immer jetzt?
Es ging so viel verlor'n in diesem Jahr!
Die Frage ist: Was wollen wir zurück?
Gar alles? Vieles? Oder nur ein Stück?

Wie ungewiss war's doch, als es begann!
Was ist da los? Was ist das bloß? Und wo?
Betrifft das uns? Weit weg. Wir sind heilfroh:
Wird wieder mal verschwinden irgendwann…
Und dann war dieses *Etwas* plötzlich da.
Bei uns. Was nicht erwartet, es geschah.

Wie rasch im Lande breitet *Es* sich aus!
Und Kranke, Tote nun bald überall!
Gezählt wird täglich jeder Todesfall.
Auch *ich* von Atemnot bedroht? Oh Graus!
Ein Alp ist's, der sich legt auf's ganze Land,
von Angst vor nahem Stillstand wie gebannt.

Und nun ist alles erstmal stillgelegt,
damit der Menschen Leben sei geschützt.
Gefragt wird nicht, wem das vielleicht nicht nützt,
sodass der Unmut hier und da sich regt:
Man fühlt sich allerorten eingeengt,
will nicht, dass Leben länger eingeschränkt.

Doch ist solch' Leben wirklich so begrenzt?
Gewiss, man konnt' für lange Zeit kaum raus.
Gewiss, man arbeitet' vom Hause aus.
Begrenzung als das große Schreckgespenst?
Was war mit all den vielen andren Dingen,
die halfen, dass das Leben konnt' gelingen?

Wie war's, sich auf sich selbst mal zu besinnen?
Wie war's, Entschleunigung doch mal zu lernen?
Wie war's, doch mal sein Ego zu entkernen?
Wie war's, mit Solidarität mal zu beginnen?
Wie war's, Konsum doch mal zu überdenken?
Wie war's, der Umwelt mal zum Lufthol'n Zeit zu schenken?

Ja, soll nun wirklich *alles* wiederkehren
so, wie's mal war *vor* der Corona-Zeit?
Sind unnachgiebig wir und nicht bereit,
zu fassen, was die Krise uns will lehren?
Ja, woll'n wir den Verlust bloß bilanzieren,
statt den Gewinn auch mal zu deklarieren?

Dir wird in Zukunft nichts misslingen!

Aufbruchsstimmung

Was tut sich nur so plötzlich in mir auf?
Hier drinnen fängt jetzt alles an zu klingen.
Die ganze Welt, so scheint's, beginnt zu singen.
Wie ungewohnt ist, was da steigt herauf!

Mir ist, als warte es voll Lust darauf,
um sich beflügelt mit mir aufzuschwingen
und tief in neue Weiten vorzudringen,
weit weg von eingefahr'ner Dinge Lauf.

Vor Freude will die Brust mir fast zerspringen.
Mein Kopf, sonst immer Herr, sich eingesteht,
dass unrecht ist, Gefühle zu bezwingen.

Im Aufwind der Empfindung Kraft entsteht,
die sagt: „Dir wird in Zukunft nichts misslingen!"
Die ganze Angst, sie ist wie weggeweht.

Wer hat ein Dankeschön verdient?

Dass dieses Buch so, wie es hier vorliegt, überhaupt erscheinen konnte, verdanke ich einer Vielzahl von Menschen. Ohne deren Beitrag hätte es das Projekt nicht zwischen zwei Buchdeckel geschafft.

Da sind vor allem diejenigen, die immer wieder nachgefragt haben, wann denn nun meine bebilderten und gereimten Neujahrsgrüße endlich mal gedruckt erscheinen würden. Sie meinten, es wäre zwar ganz schön, dass die Neujahrspoesie in meiner Homepage einen Platz hätte, deren Wirkungsgrad sei auf diesem Wege jedoch recht begrenzt. Wer schaut gerade zum Jahreswechsel im Internet in einer fremden Homepage nach Neujahrsgrüßen?
Ja, das waren also die Mutmacher.

Dann sind da all die „Anhänger", die meine regelmäßig zum Jahreswechsel getätigten poetischen Sendungen nicht nur stets aufs Neue bereits erwartet, sondern über die Jahre hin auch noch gesammelt haben. Die frühesten Gedichte meiner Neujahrspoesie 1998 hatte ich selbst ganz aus dem Blick verloren. Ohne diese „Sammlungen" von Freunden und Freundinnen wäre die Zusammenstellung der Texte für diesen Band unvollständig geblieben. Und dass ich meine Neujahrswünsche sogar über den langen Zeitraum von mehr als dreiundzwanzig Jahren versandt hatte, war mir ebenfalls völlig entgangen.

Da sind auch jene, die mit ihren Fotos zum Gelingen beigetragen haben. Gewiss, etliche Fotos sind im Rahmen der Familie entstanden. Doch damit nicht genug. Da Text und Bild zusammenpassen mussten, ging es nicht ohne entsprechende Recherchen im Internet – zum Teil eine Suche, die recht mühevoll und manchmal sogar mit Kosten verbunden war. Bei fast allen Urhebern dieser Fotos ist es gelungen, mit ihnen direkt in Kontakt zu treten.

Da ist schließlich natürlich der Verlag „Dichterwettstreit deluxe" von Elias Raatz, der zu meiner großen Freude Interesse daran gezeigt hat, das Projekt in sein Programm aufzunehmen. Hervorzuheben ist die große Sorgfalt, die das Lektorat den Gedichttexten hat angedeihen lassen. Mein besonderer Dank gilt dem Vertrauen und der Zuversicht des Verlages, dass dieses Buch nun auch Interessenten außerhalb des bisherigen Lesekreises finden wird.

Ein weiteres Buch mit einem Text von Eberhard Kleinschmidt

An die Rollatoren, fertig, los!

14 Geschichten,
Gedichte & Gedanken
über
Rentner & das Alt werden

ISBN: 978-3-98809-002-7

Unsere Buchempfehlungen

ISBN: 978-3-9820358-0-2   ISBN: 978-3-9820358-1-9   ISBN: 978-3-9820358-6-4

DICHTERWETTSTREIT *deluxe*

Unser gesamtes Verlagsprogramm gibt´s unter:

www.dichterwettstreit-deluxe.de